Couverture inférieure manquante

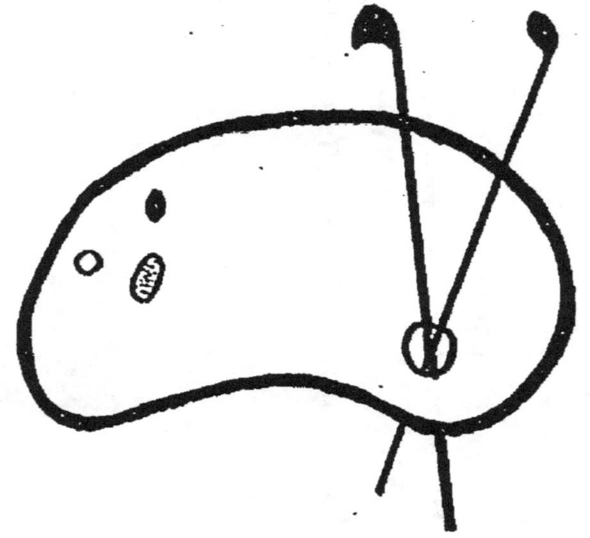

ORIGINAL EN COULEUR
NF Z 43-120-8

RÉSUMÉ

DE

L'Anthropologie

DE

LA TUNISIE

PAR

Le Docteur BERTHOLON

Correspondant du Ministère de l'Instruction publique

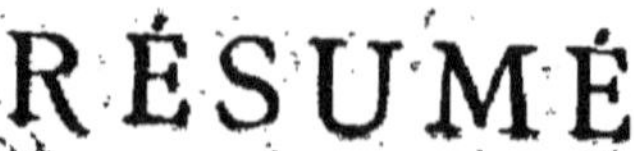

BERGER-LEVRAULT ET Cie, ÉDITEURS

PARIS — NANCY

5, RUE DES BEAUX-ARTS — 18, RUE DES GLACIS

1896

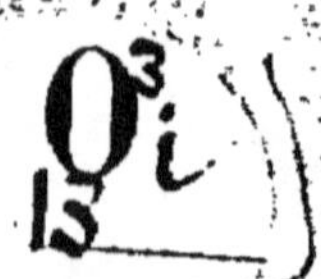

RÉSUMÉ

DE

L'Anthropologie

DE

LA TUNISIE

PAR

LE DOCTEUR BERTHOLON

Correspondant du Ministère de l'Instruction publique

BERGER-LEVRAULT ET Cⁱᵉ, ÉDITEURS

PARIS | NANCY

5, RUE DES BEAUX-ARTS | 18, RUE DES GLACIS

1896

RÉSUMÉ

DE

L'Anthropologie

DE LA TUNISIE

PÉRIODE PALÉOLITHIQUE

Les plus anciens gisements préhistoriques de Tunisie ont été découverts aux environs de Gafsa par le Dr Collignon. Ceux-ci, semblables à ceux de l'Europe, renferment, aux mêmes couches, les produits caractéristiques des diverses phases de l'industrie de la pierre [1]. M. Couillaud a récemment repris les travaux de M. Collignon sans les connaître. Il est arrivé aux mêmes conclusions sur l'importance du gisement préhistorique de Gafsa [2].

Des coups-de-poing chelléens ou haches de silex en forme d'amande se trouvent dans les couches les plus anciennes. Celles-ci sont constituées par des poudingues quartzifères, immédiatement superposés aux calcaires crétacés blancs. C'est un terrain du début du quaternaire.

La forme amygdaloïde sans éclats prédomine dans la

[1]. Collignon, *les Ages de la pierre en Tunisie*. Matériaux pour l'histoire primitive de l'homme, 1887, 3e série, t. IV.

[2]. Couillaud, *Note sur les stations préhistoriques de Gafsa*. L'Anthropologie, 1891, t. V, p. 530-541.

couche inférieure ; dans la couche intermédiaire, devenue rare, elle disparait ; pendant que la taille par éclat, inconnue dans les parties profondes, se rencontre fréquemment au sommet de la formation.

Les couches où se retrouvent les types de haches de nos stations de Chelles et de Saint-Acheul sont sous-jacentes à d'autres, où l'on voit naitre les formes rappelant le moustérien. Les deux industries chelléenne et moustérienne ont fréquemment leurs produits mêlés. On peut en conclure soit à un perfectionnement sur place, soit à l'infiltration d'autres tribus plus perfectionnées. Certains objets moustériens sont même finement retouchés. Cette zone renferme aussi des pointes triangulaires de silex, des lames épaisses de grossiers éclats, en forme de racloirs, d'autres racloirs retaillés. Enfin M. Collignon signale, comme particulier à la région, une sorte de pointe d'aspect classique, mais dont l'extrémité aurait été tordue en forme de virgule. On a retrouvé en France des objets semblables. Citons notamment une pièce provenant de Moulin-Quignon, qui se trouve au musée de Saint-Germain[1].

Des restes plus perfectionnés du type solutréen existent aussi dans la station de Gafsa. Souvent ils sont mélangés aux objets des deux types que nous venons de mentionner. M. Couillaud signale cependant, au confluent des Oueds Baïache et Safioun, une station non mélangée d'objets de ce type particulier. Les instruments ont la forme caractéristique de la feuille de laurier. Ce sont des pointes aplaties, minces, longues de 3 à 8 centimètres. Leurs deux faces et les bords portent de fines retouches. Il y a aussi des pointes

---

1. Reinach, *Description raisonnée du musée Saint-Germain*, t. I, Alluvions et cavernes, pièce n° 18371, fig. 29. Vitrine IV.

à cran avec taille sur les deux faces, des couteaux, des grattoirs, des poinçons et de nombreux éclats. Ces silex se rencontrent à la surface du sol.

Le voisinage du sol des objets solutréens, la profondeur à laquelle on rencontre les instruments chelléens et moustériens font penser à M. Couillaud qu'il s'agit là de deux périodes séparées par de longs siècles.

Enfin des outils très fins en silex, retaillés avec beaucoup d'habileté, rappellent par leurs formes l'industrie magdalénienne (couteaux, poinçons, burins, flèches triangulaires ou ovalaires).

Gafsa n'est pas le seul point où on rencontre des silex. Dans une zone qui s'étend entre ce point et la mer à l'est, du sud des Chotts au mont Orbata au nord, il suffit de se baisser pour ramasser des silex taillés. Aussi de nombreux auteurs les ont-ils signalés. Dans la seule oasis de la Metouïa, au nord de Gabès, M. Belucci a récolté, en 1875, 1,743 pièces et 2,962 aux alentours de Gabès[1]. La mission Roudaire a signalé, en 1880, diverses stations préhistoriques au nord et au sud des Chotts[2]; de même MM. Doumet-Adamson et Bonnet en 1883, de Nadaillac et Faurax en 1884[3], Collignon en 1887[4], Moreau en 1888[5] et d'autres voyageurs dont les noms m'échappent.

Les types les plus intéressants signalés par ces observateurs sont d'admirables pointes de flèches à pédoncules et à crans, des grattoirs, dont quelques-uns semi-lunaires particuliers à la région de Gabès, des poinçons, des nuclei, des percuteurs, de nombreux couteaux. Personnelle-

---

1. Belucci, *L'eta della pietra in Tunisia*. Roma, 1876.
2. Roudaire, *Mission des Chotts*. Imprimerie nationale, 1881.
3. *Bulletin de la Société d'anthropologie de Paris*, 1884, p. 7.
4. *Op. cit.*
5. Moreau, *Notice sur les silex taillés recueillis en Tunisie*. Quantin, 1888.

ment, j'en ai recueilli un fort bel exemplaire dans les sables de l'oasis de Grenouche, à 8 kilomètres au nord de Gabès.

L'industrie du silex accuse un perfectionnement marqué dans cette zone. Quelques formes se rapprochent du néolithique, comme, par exemple, certains grattoirs, comme aussi une sorte de scie trouvée à Gafsa par M. Collignon. Celle-ci, en forme de lance, est travaillée sur ses deux faces. On lui a conservé un talon épais non retouché. Dans l'Oued-Rhir (Sahara algérien) on a retrouvé des scies à dents analogues [1].

Les silex employés sont le plus souvent blonds, il y en a beaucoup de bruns et de blancs. Les rognures de silex sont assez rares en Tunisie.

Les âges de la pierre paraissent s'être succédé parallèlement en Europe et en Afrique. Les périodes chelléenne et moustérienne peuvent avoir été contemporaines sur les deux continents. On peut même se demander si elles n'ont pas débuté plus tôt en Afrique par suite des conditions climatériques favorables, alors que le Sahara était couvert de végétation et que les grands fleuves quaternaires le sillonnaient [2]. Des observations de M. Collignon, puis de M. Couillaud, les types plus récents du solutréen et du magdalénien ont apparu beaucoup plus tard. On peut affirmer que si ces deux périodes ont apparu en Afrique en même temps qu'en Europe, elles y ont persisté jusqu'à une époque fort récente. Les monticules recouvrant les ruines romaines sont souvent, dans le sud, recouverts de silex taillés, témoignage de la ténacité des tribus, dites berbères, à rester fidèles aux usages antiques.

---

1. Jus, *les Stations préhistoriques de l'Oued-Rhir.* Revue d'ethnographie, 1887.
2. Medina, *Formation des terrains quaternaires du nord de l'Afrique.* Revue tunisienne, 1894, p. 251.

Races paléolithiques. — A quelles races appartenaient les premières peuplades taillant le silex ? Les anciennes stations fouillées n'ayant jusqu'à ce jour donné aucun débris humain, on en est réduit à une simple hypothèse. En procédant par analogie, on peut se demander si ce ne sont pas les mêmes hommes qui, tant en Europe qu'en Afrique, ont travaillé les objets identiques, caractéristiques de cette industrie primitive sur les deux continents ?

Une hypothèse récente, qui demande à être étayée sur de nouveaux documents plus positifs, tend à voir dans une race adipeuse, très voisine de la race boschimane, les plus anciens habitants de l'Europe occidentale et de son annexe l'Afrique septentrionale. D'une part M. Piette, étudiant des statues préhistoriques, a cru y reconnaître la reproduction d'un type de femme à stéatopygie[1]. D'autre part, M. le professeur Hamy, examinant des fragments de poteries préhistoriques rapportés du Sahara par M. Foureau, eut l'idée de reproduire ces dessins en poussant, comme les céramistes primitifs de ces régions, de la terre dans des corbeilles servant de moules. Les empreintes obtenues au moyen de récipients en usage chez les Sahariens actuels furent différentes ; par contre, avec des paniers du Somal, on obtint des dessins comparables à ceux qui décorent les poteries sahariennes anciennes[2].

Si la présence, tout au moins en Europe, d'une race quaternaire apparentée aux Boschimans est douteuse, nul ne conteste la présence à cette époque de la race dite de Canstadt ou de Neanderthal, d'après les localités où ont été trouvés les premiers crânes de ce type. Des exemplaires

1. Piette, *La Station de Brassempouy*. L'Anthropologie, 1895, t. VI, p. 129-151.
2. Hamy, Société des naturalistes du muséum, séance du 26 février 1895. L'Anthropologie, 1895, t. VI, p. 229.

ont été rencontrés depuis la Bohême, Brux et Podbaba jusqu'à Gibraltar (crâne de Forbes' Quarry). Dans la péninsule ibérique, divers spécimens de la race de Neanderthal ont été signalés, entre autres le crâne néolithique de la Cueva-de-la-Muger. MM. de Quatrefages et Hamy ont également observé ce type parmi les populations actuelles de cette région[1].

Au premier abord, il ne semble pas impossible qu'une race dont on trouve des représentants jusqu'au sud de l'Espagne, puisse se retrouver sur le continent voisin. C'est ce que de nombreuses observations mettent hors de doute, tout au moins pour la période contemporaine. Les plus anciens restes de ce type que j'ai rencontrés proviennent de monuments mégalithiques fouillés par M. le Dr Carton. Quelques fragments de crânes, par l'épaisseur considérable des os, la saillie exagérée de la glabelle, le relief des arcades sourcilières formant un bourrelet, l'étroitesse du crâne, son allongement (indices céphaliques de 69 à 72) et sa platycéphalie m'ont paru se rapprocher plus du type du Neanderthal que de tout autre[2]. Ajoutons que ces monuments de Bulla-Regia se dressent sur les confins de la Khroumirie. Or, j'ai publié un crâne provenant du cimetière indigène de Fernana qui ne laisse aucun doute sur l'existence de cette race dans la région[3]. Les Khroumirs et les Nefzas présentent fréquemment ce type.

Ce n'est pas d'ailleurs là seulement qu'on le rencontre. M. Collignon en a mesuré de nombreux représentants dans le Djerid, où ils forment l'élément prédominant de la population. Il trace comme caractères distinctifs de ces sujets : haute taille (1^m,67 à 1^m,69), tête très allongée

---

1. Cartailhac, *les Âges préhistoriques de l'Espagne et du Portugal*, p. 313.
2. Bertholon, *la Race de Neanderthal dans l'Afrique du Nord*. Revue tunisienne, 1895, n° 5.
3. Bertholon, *Exploration anthropologique de la Kroumirie*. Bulletin de géographie historique et descriptive, 1889, n° 4.

(ind. céph. 73), nez moyen ouvert (ind. nas. 75), angle facial faible à la glabelle, mais relativement élevé aux bosses frontales. Le front fuyant continue par des crêtes sourcilières et une glabelle très saillante. L'échancrure du nez est profonde. Celui-ci, très court, est concave et retroussé. Les lèvres sont fortes, il y a un prognathisme modéré[1].

En résumé, on retrouve en Tunisie un type rappelant par ses principaux caractères celui de l'homme quaternaire d'Europe. Il y forme deux groupes assez compacts, l'un en Khroumirie, l'autre précisément dans la région où sont les ateliers de silex primitifs les plus remarquables. On peut se demander si ce ne sont pas les descendants authentiques des ouvriers de la première heure. Suit-on la répartition des sujets de ce type, cette hypothèse acquiert une somme de probabilités plus grande encore. M. Topinard a signalé des crânes néanderthaloïdes à Biskra[2]. Nous-même avons relevé des représentants de ce type provenant de Ghadamès, du Touat et de l'Oued-Guir. En d'autres termes, les stations riches en silex paléolithiques sont aussi celles qui possèdent encore, à la période actuelle, la population la plus semblable à l'homme dont les restes ont été trouvés à Neanderthal et à Canstadt.

PÉRIODE MÉGALITHIQUE

Sauf quelques échantillons exceptionnels, on n'a pas trouvé en Tunisie d'industrie de la pierre polie. A peine peut-on noter trois haches polies découvertes dans la ré-

---

1. Collignon, *Ethnographie générale de la Tunisie*. Bulletin de géographie historique et descriptive. 1887.

2. Topinard, *Étude craniométrique sur Biskra*. Congrès pour l'avancement des sciences, session d'Alger, 1881, p. 757.

gion de Gabès. On a recueilli aussi quelques rares pointes de flèches et certains objets en forme de croissants [1]. Cette rareté nous a engagé à dénommer la période que nous allons étudier d'après ses constructions les plus caractéristiques, les mégalithes. Cette période succède à celle de la pierre. On la retrouve pendant le bronze. Elle persiste fort dégénérée, il est vrai, jusqu'à nos jours.

Aire géographique. — Les mégalithes atteignent leur maximum de densité dans la partie nord-occidentale de la Tunisie. Là limite générale de cette zone mégalithique peut être fixée de la sorte : la vallée de la Medjerda jusqu'à Medjez-el-Bab ; plus au sud, la portion qui s'étend entre la vallée de la Siliana à la frontière algérienne. Les principales stations relevées dans ces limites sont : Magraoua, Hammam-Zouakre, Ellez, Mactar, Henchir-Meded, Souk-el-Arba, Chaouach, le Djebel-Gorra, Teboursouk, Dougga, Kern-el-Kebch. Un groupe isolé fort important existe dans le Sahel tunisien, vers Dar-Bel-Ouar (Enfida).

Il est à remarquer que les mégalithes du nord-ouest de la Tunisie forment une chaine continue avec ceux de la province de Constantine. Un grand nombre est concentré entre la portion comprise entre la mer et la Medjerda [2]. De nombreux groupes s'avancent plus au sud ; les plus connus sont ceux de Roknia, de Beni-Messous, du Djebel-Fortass, de l'Oued-Hennech. On en retrouve jusque sur les flancs du Dyr de Tebessa.

Variétés des monuments mégalithiques tunisiens. — La diversité des mégalithes tunisiens est vraiment consi-

---

1. Tisset, *Géographie comparée de la province romaine d'Afrique*, t. II, p. 793.
2. Colonel Mercier, *Ruines et voies antiques de l'Algérie*. Bulletin archéologique, 1887, p. 458-460.

dérable. Les limites de cette notice nous poussent à n'en faire qu'une simple énumération. On pourra d'ailleurs retrouver la plupart des formes dessinées dans un ouvrage récent du Dr Carton[1]. Nous signalons les principales en allant du simple au composé : table sans pilier, table sur une pierre formant cale, table sur une saillie de rocher, table sur une fissure dont les parois constituent les piliers, tables sur trois puis sur quatre piliers et plus. Ces piliers peuvent être de dimensions variables et constitués soit par des murs, soit par des blocs, soit encore par des dalles dressées. Dolmens accouplés par deux, par quatre.

Ces dolmens peuvent être entourés à leur base d'un dallage de pierres plates, comme à l'Enfida, au Gorra, etc. Ce dallage peut être recouvert lui-même de grosses pierres enterrant le monument et ne lui laissant parfois qu'une ouverture tournée vers l'est (Chaouach, Teboursouk, etc.). Enfin, au lieu d'une chambre enterrée au milieu du monument, M. Hamy en a constaté jusque six. Celles-ci peuvent être surmontées d'un cône surbaissé couvert de pierres plates imbriquées, ainsi que cet explorateur l'a noté à l'Enfida[2].

Le dallage qui enterre le dolmen peut être remplacé par une enceinte de blocs isolés rappelant les cromlechs. Cette enceinte est de forme ronde, elliptique ou carrée, d'un diamètre variant de deux à vingt mètres. Au lieu de pierres isolées, on a construit parfois de véritables murs de pierre sèche. C'est ainsi que font les Berbères contemporains. Certains monuments ont une enceinte double, parfois

---

1. Dr Carton, *Découvertes épigraphiques et archéologiques faites en Tunisie*. Paris, Leroux, 1895.
2. Dr Hamy, *Histoire rétrospective du travail*, Journal officiel, 6 janvier 1890.

même triple. Souvent, il n'y a pas de construction mégalithique, mais simplement un cercle de pierres.

On trouve un peu partout des alignements dans ces nécropoles. A Bulla-Regia, le Dr Carton en a décrit et figuré un de 800 mètres de long[1]; il en a constaté à Teboursouk. Rappelons que M. Féraud, entre autres, en avait constaté de remarquables dans la province de Constantine[2].

Les tombes jumelles, dont nous avons parlé, semblent être le point de départ d'un type plus compliqué, l'allée couverte. Les piliers latéraux, au lieu d'être fermés par une dalle, le sont par plusieurs placées verticalement. Celles-ci supportent des dalles horizontales constituant un toit. Ce premier degré a été constaté par le Dr Carton à Kern-el-Kebch. Le type des allées couvertes d'Ellez formant un corridor central dans lequel s'ouvrent des chambres latérales, est plus compliqué encore. Une sorte de couloir formé de dalles verticales périphériques entoure ces monuments. Ils ont été l'objet de nombreuses descriptions auxquelles nous renvoyons. L'Américain Cartherwood est le premier qui ait visité les allées couvertes d'Ellez, en 1839[3]. Au début de l'occupation, le colonel Puymorin a communiqué à l'Académie des inscriptions des dessins et un plan de la station d'Ellez[4]. En 1884, M. Girard de Rialle a publié une étude et un plan de ces mégalithes[5]. Ne connaissant pas ces travaux antérieurs, j'ai adressé sur ce sujet une communication à la Société d'anthropologie de Lyon, en

---

1. Dr Carton, *les Mégalithes de Bulla-Regia, les alignements de la plaine de la Medjerda*, etc. L'Anthropologie, t. II, 1891.

2. Féraud, *Monuments dits celtiques de la province de Constantine*. Recueil de la Société archéologique. Constantine, 1864, p. 108-132.

3. Cartherwood, *Transactions of the american ethnol. Society*. New-York, 1845, p. 489-491.

4. *Archives des missions scientifiques*, t. X, p. 138.

5. Girard de Rialle, *Monuments mégalithiques de Tunisie*. Bulletin des antiquités africaines, p. 260 et seq.

1888[1]. Enfin, en 1893, M. le lieutenant Denis a traité ce même sujet au Congrès des sociétés savantes[2].

Un type assez spécial de monuments mégalithiques a été observé spécialement à Hammam-Zouakre. Signalé par Tissot[3], il a été décrit par M. Poinsot, puis par M. Denis. En 1888, le Dr Talayrach a bien voulu m'adresser des plans accompagnés de descriptions, ce qui m'a permis de reproduire une réduction de ce monument pour l'Exposition de 1889. Ce monument se compose d'une sorte de four circulaire en pierres sèches, enterré dans sa partie postérieure par suite de la déclivité du sol. Les dalles des parois s'avancent en encorbellement et forment voûte. Une grosse dalle horizontale ferme le four à sa partie supérieure. Du sol à cette dalle il y a une hauteur de 2m,50. Une dalle verticale échancrée en haut et en bas constitue la porte de ce four. Cette dalle ne touche pas la terre parce qu'elle repose sur deux dalles plus petites placées près de ses extrémités. On peut, au niveau de l'échancrure inférieure, se glisser à plat ventre dans la chambre. En avant et parallèlement à cette dalle verticale est un mur percé d'une porte dans l'axe de l'échancrure. Une sorte d'antichambre se trouve ainsi circonscrite entre la dalle et le mur; une dalle plate en forme le plafond. Enfin, un alignement de pierres constitue en avant du monument une enceinte de sept mètres sur quatre.

Terminons en faisant remarquer les analogies qui existent entre le monument de Hammam-Zouakre et les tombes

---

1. Bertholon, *l'Industrie mégalithique en Tunisie*. Bulletin de la Société d'anthr. de Lyon, 1888, t. VII, p. 78, et Matériaux, 1888.

2. Denis, *Notes sur quelques nécropoles mégalithiques du centre de la Tunisie*. Bulletin archéologique, 1893, nº 2, p. 141.

3. Tissot, *Géographie comparée de la province romaine d'Afrique*, t. I, p. 627.

circulaires décrites par le commandant Payen, à Batna [1], et par Féraud, à Tiddi, à 24 kilomètres de Constantine [2]. Ces tombes, de 2ᵐ,50 de haut sur 3 mètres de diamètre, sont recouvertes aussi d'une large dalle.

Particularités des monuments mégalithiques de Tunisie. — D'une façon générale, leurs proportions sont moindres que celles de leurs similaires d'Europe. Les dalles dépassant 1ᵐ,50 dans une de leurs dimensions sont exceptionnelles. Parmi celles-ci, on peut noter, à Magraoua, un dolmen de 3ᵐ,60 de long sur 3ᵐ,20 de large et 3ᵐ,80 de haut. Une table mesurée par M. Carton avait six mètres de long sur trois de large.

Quelques dalles sont grossièrement équarries. On a même relevé des rainures destinées à faciliter l'emboitement de certaines dalles. (Denis, p. 143.)

M. Carton a signalé un dolmen à cupules (p. 358, fig. 167) près de Dougga.

Certaines dalles, comme dans les allées couvertes d'Ellez, portent des échancrures.

Pour terminer ce qui a trait à l'ornementation des monuments mégalithiques tunisiens, rappelons que M. Denis a signalé sur un de ceux-ci (Hammam-Zouakre) des dessins en forme de rosaces à six feuilles. M. Thomas, à Sigus (Algérie), avait déjà relevé un motif de décoration semblable sur un dolmen. Dès 1863, MM. Oudan et Sergent, à l'Oued-Baïach, près de Souk-Ahras, avaient noté sur une pierre verticale de dolmen deux rosaces, l'une à six feuilles, l'autre à quatre feuilles, courbées. La régularité des mégalithes dépend d'ordinaire de la nature des maté-

---

1. Payen, *Tombeaux circulaires de la province de Constantine.* Recueil de la Société archéologique de Constantine, 1863, t. VII, p. 159.
2. Féraud, *Monuments dits celtiques de la province dû Constantine,* ibid., 1864, t. VIII.

riaux. Les bancs calcaires sont ceux qui ont servi à établir les plus beaux monuments. M. Carton a montré que là où la roche siliceuse forme des roches peu divisables, les tables d'ordinaire épaisses et irrégulières ne sont plus supportées par des dalles, mais simplement par de gros blocs de pierre[1].

L'ouverture des dolmens tunisiens est orientée d'ordinaire à l'est. Cette règle souffre de nombreuses exceptions. Pareille remarque a été faite en Algérie. D'après M. Chabassière les mégalithes de Sigus sont ouverts au nord-est, ceux de Raz-el-Aïn au nord, de Bou-Chêne à l'est-sud-est[2].

On trouve en Tunisie des pierres levées. A Ksar-Medjouj, M. Carton a photographié une de ces pierres portant des caractères libyques.

Mobilier funéraire des monuments mégalithiques. — Dans la plupart de ces constructions, on trouve, aussi bien en Tunisie qu'en Algérie, des vases et autres poteries. Ces produits céramiques sont placés vers la tête du mort. Dans les mégalithes fouillés à Roknia, le général Faidherbe a trouvé autant de vases qu'il y avait de crânes. Ces vases assez grossiers sont faits à la main. Dans ses fouilles du Djebel-Fortass, M. Chabassière figure une sorte de coupe, qu'il croit faite au tour. Les vases sont généralement plats, parfois arrondis, avec ou sans pied. On a trouvé aussi des gargoulettes dont le goulot proémine sur la panse en forme de biberon. M. Rouire a trouvé une petite lampe dans un dolmen de l'Enfida[3].

Disons dès maintenant que les indigènes tunisiens qui

---

1. Carton, *Découvertes*, etc. Loc. cit., 1895, p. 389-390.
2. Chabassière, *Ruines et dolmens du Fortass et de ses contreforts*. Recueil de la Société archéologique de Constantine, 1886-1887, t. XXIV, p. 96-138.
3. Rouire, *les Dolmens de l'Enfida*. Revue d'ethnographie, 1885, p. 445, fig. 128-130.

vivent sous la tente ont conservé les mêmes types de vases grossiers de la période mégalithique. L'ornementation est semblable : ils sont faits à la main.

Outre la céramique, on a signalé des bracelets de bronze ou de cuivre oxydés analogues à ceux que portent les femmes indigènes, des objets en bronze, parfois même en fer, spécialement en Algérie. On n'a trouvé d'objets en pierre que dans le dolmen des Beni-Isnassen (Algérie) où M. Velain a découvert des haches polies [1]. Signalons aussi, pour être complet, des perles de colliers sphériques, généralement en pâte blanche, parfois décorées de points bleus (Denis), des épingles en os travaillé.

Races des monuments mégalithiques. — Les tombes les moins soignées contiennent peu de squelettes. Dans les autres, on en découvre en moyenne de six à huit. A Magraoua, M. Denis a compté jusqu'à trente squelettes dans une seule sépulture. Il est regrettable que ces précieux ossements n'aient pas été recueillis. On peut se demander, dans ce cas, si ces squelettes ont été déposés isolément à la mort de chaque sujet, ou s'il ne s'agit pas d'un dépôt d'ossements réunis après décharnement. Fréquemment les corps reposent sur un lit de ciment (Roknia, Djebel-Fortass, etc.).

Presque partout les squelettes ont été inhumés dans la position accroupie (Enfida, Bulla-Regia, Teboursouk, etc.). Rappelons que, d'une part, c'était, d'après Hérodote, la position donnée par les Nasamons à leurs morts. C'est aussi la position observée dans les sépultures préhistoriques de France, de la péninsule ibérique, des Guanches (Verneau), etc.

---

1. Velain, *Dolmen des Beni-Isnassen*. Revue d'ethnographie, 1885.

M. Carton m'a confié des pièces, très fragmentées malheureusement, provenant de ses fouilles des mégalithes de Bulla-Regia. L'étude de ces restes, qui figure dans son mémoire[1], m'a conduit à discerner deux types principaux, l'un susceptible d'être assimilé à l'homme de Neanderthal, l'autre à celui de Sordes-Cro-Magnon.

Les mégalithes de Roknia, méthodiquement explorés par les soins du général Faidherbe[2], fournissent des points de comparaison intéressants avec ceux de Tunisie. Sur dix-huit crânes mesurés par cet auteur, sept sont franchement dolichocéphales (indice céphalique moyen 72,28), cinq sont relativement brachycéphales (indices variant de 77 à 84) et six intermédiaires à ces deux groupes. Ces constatations montrent qu'une population à tête ronde, inconnue à Bulla-Regia, est venue se mêler aux constructeurs de mégalithes de Roknia, beaucoup plus nombreux. Disons de suite que cette population à tête courte ne nous paraît pas avoir importé l'industrie mégalithique. En effet, dans les régions berbères, où ce type est demeuré le plus pur, cette industrie est inconnue.

L'hypothèse la plus probable est que les constructeurs primitifs des monuments mégalithiques de Tunisie sont de même race que ceux des monuments semblables d'Europe. Cette opinion, émise par M. Collignon, nous semble la plus acceptable[3]. Ce type spécial persiste d'ailleurs encore. Son aire est beaucoup plus étendue que ne le suppose cet observateur. On le rencontre très nombreux dans toute la vallée de la Medjerda et celles de ses principaux affluents

---

1. Carton, *Rapport sur les fouilles faites à Bulla-Regia en 1890.* Bulletin archéologique, 1892.
2. Faidherbe, *Recherches anthropologiques sur les tombeaux mégalithiques de Roknia.* Bulletin de l'Académie d'Hippone, 1864, n° 4.
3. Collignon, *les Ages de la pierre en Tunisie.* Loc. cit., p. 36-37.

(Oued-Mellègue et Siliana). Des essaims se sont fixés dans le cap Bon. Au sud, certaines oasis, comme Gabès, en sont peuplées.

Les caractères distinctifs de ces sujets sont les suivants: petite taille (1m,62), tête fort allongée (indice céphalique 72), nez moyennement ouvert (indice nasal 70,5), peau bistre, face large en dysharmonie avec le crâne. En résumé, c'est la race des dolmens et cavernes préhistoriques de France et notamment des stations de Sordes, de l'Homme-Mort, des vallées de la Vézère et de la Lozère.

Peut-on assigner une date approximative à l'arrivée en Afrique de cet élément ethnique? M. Hamy, s'appuyant sur ses remarques personnelles, sur les études de M. Verneau et celles de M. Jacques, estime que cette race paléolithique et néolithique en France appartient en Espagne aux âges de la pierre polie et des premiers métaux. En Algérie, elle ne remonterait pas au delà de l'âge du fer[1]. Cette date nous parait peut-être un peu rapprochée. Nous serions porté à croire que son immigration en Afrique s'est faite à une époque contemporaine de celle de l'Espagne, ou tout au moins très peu de temps après. Cette hypothèse se base sur les stations de la pierre polie explorées en Algérie par MM. Pallary et Tomasini, sur le mobilier funéraire du dolmen fouillé par M. Velain, où se trouvaient des pierres polies, et des autres dolmens contenant des objets de bronze. Le fer ne s'y est rencontré que rarement. D'ailleurs sa présence n'a rien d'extraordinaire quand on sait que les Berbères contemporains élèvent encore des monuments analogues.

---

1. E. Hamy, *la Race de Cro-Magnon et ses affinités ethniques.* Dans *la Gaule avant le Gaulois,* annexe B., p. 287 et seq.

M. Sergent a insisté sur la persistance des usages de la
période mégalithique chez les Djoualas d'Algérie. M. Goyt
a également publié un très intéressant mémoire, accompa-
gné de planches permettant les comparaisons, sur la con-
servation de ces pratiques chez les Ouled-Hannech de la
province de Constantine[1]. On les retrouve aussi en Khroumirie, ainsi que j'ai eu l'occasion de le faire connaître.
Enfin, le capitaine Bernard, membre de la première mission
Flatters, a mis hors de doute la ressemblance des sépultures
actuelles des Chambaas avec les tombes mégalithiques du
pays des Touâreg[2].

Affinités de l'industrie mégalithique. — Ici se place-
rait l'examen de la parenté des constructions mégalithiques
de Tunisie et de celles d'Europe. La constatation de sujets
de même race, dans ces nécropoles des deux côtes de la
Méditerranée, fait faire un pas marqué à la question d'iden-
tification. L'industrie mégalithique paraît en décadence en
Afrique. Les pierres y atteignent exceptionnellement d'aussi
vastes dimensions qu'en Europe. Les dalles verticales surtout s'atrophient au point de disparaître totalement. La
table horizontale conserve des proportions appréciables.
Enfin le changement de climat, le contact avec d'autres
éléments ethniques, l'introduction de nouveaux rites ont
pu apporter des modifications appréciables à l'industrie mégalithique.

Il nous a semblé reconnaître deux influences très caractéristiques. L'une peut s'appeler européenne, l'autre égéenne
ou carienne.

---

1. Goyt, *Dolmens et sépultures mégalithiques des O.-Hannech.* Recueil de la Société archéologique, Constantine, 1886-1887, p. 69-85.
2. *Revue archéologique*, t. IV, p. 206.

Nombre d'auteurs, parmi eux M. Bertrand [1], ont comparé certains dolmens d'Algérie à leurs similaires d'Europe et spécialement aux sépultures du Danemark. Un monument de Bou-Merzoug, décrit par M. Féraud, reproduit le dolmen de l'Aveyron, décrit par M. Cartailhac au congrès de Norwich [2]. M. Girard de Rialle a insisté sur la ressemblance des allées couvertes d'Ellez avec le dolmen de Bocca della Stazzona en Corse [3]. Nous pourrions multiplier les exemples.

L'influence égéenne, asiatique ou carienne est représentée par les monuments circulaires dont le tombeau en forme de four de Hammam-Zouakre est le spécimen le plus frappant. Le tumulus d'Assarlik lui est en tout comparable [4]. Ajoutons qu'en Carie on a trouvé des plaques de monuments funéraires avec des rosaces identiques à celles qui ont été signalées par MM. Oudan et Sergent en Algérie, Denis en Tunisie.

Enfin M. Hamy a exposé que certains tombeaux mégalithiques sont comme enterrés dans leur dallage. Au centre, se trouvent une ou plusieurs chambres. Celles-ci sont surmontées d'un cône surbaissé couvert de pierres plates imbriquées. Il y a là, comme le remarque cet explorateur, les premiers essais d'un art dont les plus remarquables manifestations sont le Medraçen et le tombeau de la chrétienne. Or, depuis longtemps déjà Texier [5] a montré les ressemblances qui existent entre ces monuments et les tombeaux de Tantale et d'Alyatte. M. Goujon, architecte à Bône, a

---

1. Bertrand, *Archéologie celtique et gauloise.* 2e éd., p. 163-165.
2. *International congress of prehistoric archeology*, 1869, p. 351.
3. Girard de Rialle, *Monuments mégalithiques de Tunisie*, Bulletin des antiq. africaines, t. II, 1884, p. 266.
4. Perrot et Chipiez, *Histoire de l'art dans l'antiquité*, t. V, p. 317, fig. 215.
5. Texier, *Asie Mineure.* Univers pittoresque, chap. XXI, p. 257.

également insisté sur ces rapprochements[1]. Ajoutons qu'il suffira de feuilleter l'ouvrage de MM. Perrot et Chipiez[2] pour se convaincre de l'identité de nombre de tumuli de la Phrygie et de la Carie avec ceux de l'Afrique du nord.

Ces courts exemples permettront de se rendre compte de la double influence européenne et asiatique exercée sur les constructeurs des monuments mégalithiques berbères.

PÉRIODE DU BRONZE

Nous pensons pouvoir diviser cette époque en trois groupes : 1° période égyptienne ; 2° période égéenne ; 3° période punique. Nous passerons sous silence cette dernière période tout à fait historique.

1° Période égyptienne. — Il est à peu près certain que la grande migration des Hycsos ou peuples pasteurs ne resta pas confinée à la vallée du Nil. La plupart des historiens estiment que certaines tribus se portèrent jusqu'en Libye[3]. Peut-être un certain nombre d'éléments égyptiens étaient-ils entraînés avec ces émigrants. Des légendes locales sur l'immigration de Cananéens réfugiés en Afrique après leur défaite par Josué pourraient être une réminiscence dans les tribus africaines de cette antique invasion, rajeunie par les historiens. Cet événement, comme d'ailleurs l'invasion arabe, a jeté dans le pays divers types asiatiques. Nous énumérons sommairement les principaux types introduits à ces deux époques différentes. Ce sont : 1° des types égyp-

1. Goujon, *Note sur le Khour-Rosmia.* Académie d'Hippone, 1876, p. 111-115.
2. Perrot et Chipiez, *loc.. cit.,* t. V, p. 52, fig. 20, 21 ; p. 43, fig. 85.
3. Lenormant, *Histoire ancienne de l'Orient,* t. II, p. 145.

tiens antiques, tels que nous les ont conservés les statues du Scribe et du Cheikh-el-Bled; 2° des types syriens, tels que ceux figurés sur les bas-reliefs de l'Égypte. L'invasion musulmane et la domination turque les ont beaucoup renforcés; 3° des types assyroïdes signalés déjà par le Dʳ Collignon; 4° quelques types mongoloïdes, signalés par le Dʳ Hamy, en 1869, sur des statues et des sujets vivants de la Basse-Égypte. Le Dʳ Collignon en a donné une bonne photographie, prise chez un soldat tunisien.

Ce n'est pas le lieu de disserter sur l'élément ethnique prédominant dans cette invasion. Rappelons seulement que Manethon voit des Phéniciens dans les Hycsos. Cette hypothèse est admise par Leipsius. D'autres auteurs pensent qu'il s'agissait de Sémites[1].

Quoi qu'il en soit, le bronze, qui d'après certains écrivains[2] était connu en Égypte dès le premier empire, il y a près de 6,000 ans, a pu être importé en Berbérie par les pasteurs (2,500 ans avant notre ère).

Les conquêtes de Thoutmès III constituent une seconde phase de l'influence égyptienne en pays berbère. Dans l'inscription de Medinet-Abou, ce souverain se vante d'avoir serré dans sa main, tout le pourtour de la grande zone des eaux. Le fait est indéniable, au moins jusqu'à Cherchell. Une stèle indique que la domination de ce pharaon s'était étendue jusque-là. Je n'insisterai pas sur cette page d'histoire. M. Médina l'a très bien exposée, récemment, dans un savant mémoire sur cette période[3].

---

1. Maspero, *Histoire de l'Orient*, p. 264.
2. Perrot et Chipiez, *Histoire de l'art dans l'antiquité*, t. I, p 819. — Arcelin, *Influence égyptienne pendant l'âge de bronze.* Matériaux, 1869, p. 377. — O. Montelius, *L'Âge de bronze en Égypte.* L'Anthropologie, 1891, p 27 et seq.
3. Médina, *la Thalassocratie égyptienne dans les deux bassins de la Méditerranée sous la XVIIIᵉ dynastie.* Revue tunisienne, 1895, t. II, p. 135 et seq.

2ᵉ Période égéenne. — Un élément nouveau, destiné à avoir la plus grande influence sur les populations de l'Afrique du nord, paraît avoir mis fin à l'occupation égyptienne. Partis d'Europe, en possession d'armes de bronze, découvertes sans doute dans leur pays[1], les nouveaux venus débarquaient en masse sur le littoral méridional de la Méditerranée. Les comptoirs précédemment établis par les Égyptiens étaient bouleversés. Ces émigrants nouaient même de puissantes confédérations avec leurs compatriotes demeurés sur la rive septentrionale, dans le but de subjuguer l'Égypte elle-même[2]. Ce mouvement, d'après Flinders Petrie, commença au moins sous la xviiiᵉ dynastie. Celle-ci avait des rapports avec les peuples égéens. Il atteignit son maximum sous la xixᵉ dynastie. L'histoire garde, grâce aux documents égyptiens, le souvenir de la colonisation de la Cyrénaïque par les « peuples de la mer ». Leur colonisation s'étendit beaucoup plus à l'ouest. L'archéologie et surtout l'ethnographie permettent de compléter cette lacune de l'histoire.

En comparant diverses survivances ethniques, chez les Africains actuels, avec certains documents que l'archéologie nous a livrés tant sur l'âge de bronze de la région égéenne que celui du reste de l'Europe, nous pensons élucider cette question encore inconnue des influences européennes sur certains groupes berbères. On reconnaîtra que ces envahisseurs du nord ont eu une influence sur les populations locales plus intense que les Phéniciens de l'époque classique. Nombre d'usages attribués à ces derniers proviennent de ces conquérants de l'âge du bronze, qui ont eux-mêmes

1. S. Reinach, *l'Étain celtique*. L'Anthropologie, 1892, p. 280. — *Le Mirage oriental.* Ibid. 1893, p. 567. — L. Wilser, *l'Origine du bronze.* Ausland, 1890, p. 20, et L'Anthropologie, 1892, p. 715.

2. Chabas, *Recherches pour servir à l'histoire de la XIXᵉ dynastie.* 1873, lignes 53 et seq.

exercé sur les Orientaux une action tellement appréciable, que la religion, les us et coutumes des Carthaginois ont un caractère tout à fait différent de ce qu'on observe en Phénicie.

Les limites dans lesquelles nous sommes tenu de nous maintenir, nous empêchent de développer cette question aussi captivante qu'ignorée. Nous serons donc forcé de nous borner à une nomenclature des restes antiques et modernes susceptibles d'être rapprochés des documents de l'âge européen du bronze.

Sépultures. — Les influences égéennes sur l'industrie mégalithique tunisienne aboutissent, comme nous l'avons signalé, aux tombes en four d'Hammam-Souakre, aux monuments du type Medracen, qu'on retrouve identiques sur les bords de la mer Égée. Ce n'est pas tout. M. Médina appelait récemment l'attention sur le style également égéen des tombeaux de la colline de Byrsa, et sur le vide triangulaire ménagé au-dessus de la porte, caractéristique de l'architecture funéraire de cette provenance[1]. Peu importe la composition du mobilier funéraire lors de l'ouverture de ces tombes. Le seul point à retenir ici, est qu'à une époque déterminée, le style architectural de Spata, Menidi, Mycènes, Tyrinthe a été usité à Carthage. Les importateurs de ce style ne peuvent guère être qu'apparentés d'assez près avec les habitants de ces localités. Il n'est pas invraisemblable de voir en eux « les peuples de la mer » venus des rives septentrionales de la Méditerranée, ainsi que nous l'apprennent les documents égyptiens contemporains de ces migrations. La présence, dans ces tombeaux d'un mobilier funé-

---

[1] Médina, *Note sur la nécropole prétendue phénicienne de Saint-Louis de Carthage. Revue tunisienne*, 1891.

raire punique, relativement récent, peut donner lieu aux deux hypothèses suivantes : 1° ces tombes violées ont été utilisées postérieurement par des Phéniciens. Ce qui paraît confirmer cette manière de voir, c'est qu'une tombe inviolée contenait un mobilier funéraire égéen. 2° Ou bien, ce style antérieur aux Carthaginois — mélange, comme on le sait, de Libyens et de Phéniciens — adopté par eux, s'est perpétué jusqu'à une époque relativement rapprochée.

On trouve dans la campagne tunisienne, le plus souvent à proximité des nécropoles mégalithiques, des trous creusés dans des falaises. Les indigènes les nomment *bouanel* (boutiques). M. Guérin en a signalé à Bahia et à Bou-Chater[1], le capitaine Vincent à Béja et aux environs[2], M. Cagnat à Aïn-Zaya[3], MM. Lavoignat et Pouydaguin à Thélepte[4], M. Toutain à Tabarka. J'ai décrit et photographié celles de Chaouach. Dernièrement M. Carton a consacré tout un chapitre de son ouvrage aux cryptes de la région de Dougga[5].

Ces trous de forme cubique sont creusés sur des falaises verticales inaccessibles. Leurs dimensions sont telles qu'un corps ne peut y être introduit qu'accroupi. Cette position est identique à celle qu'on a signalée à propos de l'industrie mégalithique. Certaines chambres aux dimensions beaucoup plus grandes, munies d'auges-sarcophages, peuvent, comme le pensent Tissot[6], Guérin, le D' Carton, être phéniciennes. Les petites ne le sont sûrement pas. Elles sont comparables aux tombes semblables découvertes en si grand nombre en

1. Guérin, *Voyage en Tunisie*, t. II, p. 36.
2. Vincent, *Bulletin de l'Académie d'Hippone*, n° 17.
3. Cagnat, *Exploration en Tunisie*.
4. Lavoignat et Pouydaguin, *Ruines de Thélepte*. Bullet. archéologique, 18-8, p. 181.
5 Carton, *op. cit.*, p. 368-382.
6. Tissot, *la Province romaine d'Afrique*, t. I, p. 152.

Sicile, par M. Orsi, avec un mobilier funéraire de l'époque du bronze et de style égéen[1], jamais phénicien. On en a aussi observé en Sardaigne. Enfin, les centres mycéniens de la Grèce possèdent beaucoup de ces grottes, décrites, dans l'ouvrage de MM. Perrot et Chipiez, sous le nom de tombes rupestres[2]. Dans les plus primitives, les cadavres ne pouvaient, comme en Afrique, être ensevelis qu'accroupis.

Les ensevelissements secondaires sont un des traits des civilisations primitives soit de l'occident de l'Europe, soit de la Grèce. Dans certaines tombes de la Grèce, de la Crète, de la Sicile[3], on trouve les os empilés dans les caveaux, parfois dans des jarres, comme en Crète[4]. Cette coutume, fort peu phénicienne, se retrouve en Tunisie dans beaucoup d'endroits, y compris Carthage[5]. Récemment encore, MM. Hannezô et Novak ont ouvert à El-Alia des séries de chambres funéraires. Elles étaient remplies de nombreux ossements disposés d'une façon bizarre. Des traces de substance rouge paraissent provenir de peinture des corps des sujets inhumés[6]. Cet usage, inconnu en Phénicie, rappelle l'habitude des Maxyes, qui, d'après Hérodote, se peignaient le corps avec une substance rouge[7]. On a retrouvé des coutumes identiques dans de nombreuses sépultures soit néolithiques, soit du bronze, dans la Haute-Italie, le sud de la Gaule (Rivière), l'Espagne (Siret), la

---

1. P. Orsi, *Contributi all' archeologia preellenica Sicula*. Parma, 1891.

2. Perrot et Chipiez, *loc. cit.*, t. VI, p. 648.

3. Tropea, *Studi siculi e la necropoli zanclea*. — *Atti della R. Accademia peloritana*, anno X.

4. Joubin, *Bullet. de correspondance hellénique*, 1893, p. 39, cité par S. Reinach, *Chroniques d'Orient*. Revue archéologique, 1893, p. 88. 3e série, t. XXI.

5. Delattre, *Fouilles archéologiques en 1893*. Bulletin archéologique, 1893, p. 114.

6. Communication manuscrite.

7. Hérodote, *Melpomène*, liv. IV, CXCI. Ed. Dietsch-Tübner.

Russie. On a émis l'idée que les ossements avaient dû être peints en rouge après décharnement[1].

Il est une pratique d'ensevelissement assez particulière à l'âge du bronze. C'est la sépulture en jarres. Cette coutume a persisté jusqu'à une époque récente dans le nord de l'Afrique (ve siècle). Chose curieuse, ces jarres sont fréquemment recouvertes d'un toit à double pente, formé de larges tuiles et laissant une ouverture triangulaire. Il y a là, comme une réminiscence des tombeaux de Byrsa[2]. On a signalé sur toute la côte tunisienne des sépultures en jarres, M. Vercoutre à Sfax[3], M. Hannezo à Salatka et à Sousse[4], M. Delattre à Carthage, M. Carton à Bulla Regia[5], etc. On en a découvert aussi en Algérie (Stora, Biskra). Rarement les jarres sont d'une seule pièce. D'ordinaire on les coupe soit selon leur axe pour en former deux valves, soit perpendiculairement à celui-ci, de façon à mettre bout à bout plusieurs panses de jarres, selon la longueur du corps. Ce mode d'ensevelissement paraît particulier au bassin de la Méditerranée : Espagne (frères Siret[6] et M. Rogelio d'Inchaurrandiata[7]), Corse, France méridionale, Asie-Mineure à Kiben-Maaden[8]. Le mobilier est généralement de l'époque du bronze. On n'a pas signalé de sépultures en jarres en Phénicie.

---

1. Ossowski, *Kourganes de l'Ukraine*, analysé dans l'Anthropologie, 1890, p. 417.
2. Castelfranco, *les Ages de la pierre en Italie*. Revue d'anthropologie, 1889, p. 606 et seq.
3. Vercoutre, *la Nécropole de Sfax et les sépultures en jarres*. Revue archéologique, 1887.
4. Hannezo, *Bulletin archéologique*, 1889, p. 110-113, 380-387, et 1890, p. 415-418.
5. Carton, *la Nécropole de Bulla-Regia*. Bulletin archéologique, 1890, p. 180.
6. H. et L. Siret, *les premiers habitants des provinces de Murcie et d'Almérie*. Revue d'ethnographie, 1888, p. 181-214.
7. Cartailhac, *les Ages préhistoriques de l'Espagne et du Portugal*, p. 295.
8. Eliseieff, *Excursion anthropologique en Asie-Mineure*, analysée dans la Revue d'anthropologie, 1888, p. 107.

Architecture. — Le Dr Dorpfeld, collaborateur de Schliemann dans ses fouilles, a été frappé de la ressemblance frappante qui existe entre les enceintes des cités mycéniennes de la Grèce, spécialement de Tyrinthe, et les enceintes des villes africaines. « Il y a là sûrement, dit-il, une relation intime. Ou bien, ce sont des Phéniciens, qui, aussi bien dans l'Afrique septentrionale que dans la plaine d'Argos, ont construit les murs des citadelles, ou bien nous avons là une disposition architecturale qui, après avoir été découverte dans une haute antiquité, par un peuple quelconque, est devenue peu à peu typique. »

Les enceintes de Carthage, de Thapsus et d'Adrymète dessinées par Daux sont celles qui se rapprochent le plus de celles de Tyrinthe[1] : mêmes corridors, mêmes types d'écuries et de magasins pour les défenseurs de la place. Comme les constructions de l'Étrurie et de l'Argolide, les murs de Carthage reposent sur des assises gigantesques, d'après les fouilles de Beulé. Cet archéologue y a aussi trouvé des débris de céramique comparables à ceux découverts dans ce dernier pays[2]. Il n'est pas jusqu'au mortier qui ne fût identique à celui dont se servaient les constructeurs égéens. Faute de place, nous n'insisterons pas sur ces rapprochements établis déjà par M. Médina[3].

Céramique. — Nous avons noté en passant la présence de restes antiques de céramique égéenne. La plupart des types de cette période ont été rencontrés dans les découvertes archéologiques faites en Tunisie. Nous ne pouvons empiéter sur le domaine de l'archéologie ; en restant dans

---

1. Daux, *Recherches sur l'origine et sur l'emplacement des emporia phéniciens.* 1869.
2. Beulé, *Fouilles à Carthage*, p. 56.
3 Médina, *la Théocratie égyptienne* Loc. cit., p. 198 199.

celui de l'éthnologie nous signalerons que les potiers indigènes de Tunisie reproduisent encore nombre de formes datant de cette époque primitive. A Gerba, on fait encore d'immenses « pithoi » comparables à ceux trouvés à Troie ; à Sousse, à Nebeul des vases divers, des gargoulettes, des récipients en forme soit de gourdes, soit d'oiseaux, identiques à ceux qui proviennent des fouilles en pays égéens. Les marchands d'huile se servent encore de grands vases en forme de coupes, aux pieds coniques, du même type. Tout bourgeois tunisien a des brûle-parfums, etc., qui ne diffèrent à peu près pas des formes usitées à l'époque du bronze en Europe. Enfin, les motifs d'ornementation généralement géométriques sont restés les mêmes ; des animaux dessinés sur ces vases, oiseaux, lions, poissons, ressemblent, à s'y méprendre, aux figurations archaïques de la Grèce ou de l'Asie-Mineure et notamment de la Carie[1]. Depuis longtemps aussi, on a établi des rapprochements entre les types de vases accouplés découverts à Chypre, à Ilios, dans le nord de l'Europe et ceux que font encore de nos jours les habitants de la Kabylie[2], mêmes formes, même ornementation.

Pour résumer, la céramique tunisienne contemporaine et antique paraît relever de trois influences : 1° mégalithique, déjà signalée ; 2° égéenne ornementée ou non ; 3° asiatique comparable à celle d'Ilion, et importée sans doute par les peuples de la mer.

Objets de bronze. — Les objets de bronze trouvés dans

---

1. Comparez, Perrot et Chipiez, t. V, p. 325 et seq., fig. 228, 229, 230, 231, 232, 233, 234.

2. *Congrès international d'anthropologie*, Paris, 1889, p. 263, fig. VII. — Perrot et Chipiez, *loc. cit.*

les nécropoles donnent souvent de précieux renseigne-
ments. Citons, à ce sujet, un œnoché découvert par le
P. Delattre à Byrsa; il est exactement semblable à ceux qui
ont été découverts par Schliemann en Grèce, et un peu
partout dans les nécropoles de l'Étrurie. Rappelons que
dans l'énumération des prises faites par les Égyptiens sur
les peuples de la mer, figurent d'après Chabas, des aiguières,
des coupes et des vases de bronze, des armures, des parures
de femmes, des sièges semblables, sans doute, à ceux
figurés sur les situles de la Haute-Italie, des flèches, des
couteaux, des épées de bronze [1]. Bien qu'on ait peu retrouvé
encore de restes de cette période, les formes ont persisté dans
beaucoup de régions. C'est ainsi qu'à Kérouan, on fait
encore aujourd'hui d'élégantes aiguières d'argent et surtout de cuivre mélangé d'étain, dont les formes rappellent
celles d'objets antiques. Certains poignards paraissent des
imitations de types de l'époque du bronze. Tels sont les
poignards à lames élégamment courbes, fabriqués surtout
en Kabylie et au Maroc. Les lames portent, comme celles
de leurs modèles, des ornementations avec dessins géométriques, placées vers le dos de la lame. Les poignées sont
généralement petites comme à cette époque reculée.

Bijouterie. — Nous ne pouvons quitter cette étude des
métaux sans signaler la parfaite ressemblance qui existe
entre la bijouterie africaine contemporaine et celle que l'on
a retrouvée dans les fouilles de l'époque mycénienne. Mêmes
formes de bracelets, mêmes pendants d'oreilles, mêmes pen-
deloques, mêmes diadèmes, mêmes plaques de métal avec

---

1. Chabas, *Recherches pour servir à l'histoire de la XIXe dynastie.* 1873, p. 81 et 207.
Traduit de l'Inscript. de Médinet-Abou.

le motif de la rosace ou de la spirale, dessinée soit en creux, soit en relief, soit en filigrane. Beaucoup de ces objets portent aussi des dessins géométriques. La figure 517 du tome VI de l'*Histoire de l'Art* de MM. Perrot et Chipiez reproduit un portrait de Mme Schliemann, parée de bijoux et de diadèmes provenant de Mycènes. Il est probable que si Mme Schliemann avait pu voir quelque femme de la province de Constantine, plus attardée encore que la Tunisie, elle aurait su placer ces ornements d'une façon plus conforme à la réalité. Elle n'aurait pas posé le diadème sur son front nu, mais bien sur une sorte de toque ou sur un bonnet phrygien, coiffure portée d'ailleurs par des statuettes de cette époque[1]. Dans ce bonnet, elle eût piqué au-dessus du diadème une des plaques figurées dans l'ouvrage de MM. Perrot et Chipiez deux pages plus loin (p. 959, fig. 521). Elle n'eût pas accroché à ses oreilles, le collier qui tombe devant son cou sur sa poitrine. Elle l'eût fixé, aux côtés du bonnet, de façon à encadrer exactement sa face. Ces pièces sont évidemment trop lourdes pour pendre aux oreilles. Les vrais pendants d'oreilles sont représentés à la figure 519 des mêmes ouvrages. Ces détails un peu longs marquent bien la persistance en Afrique des coutumes mycéniennes à l'époque actuelle. Les femmes s'y parent en employant les mêmes procédés. Ajoutons aussi que la bijouterie trouvée dans les nécropoles de l'Étrurie ressemble beaucoup à celle que nous venons d'étudier. Enfin, dans les sépultures mégalithiques d'Algérie, divers auteurs tels que Faidherbe à Roknia, Féraud à Bou-Merzoug, de Boysson, chez les Mâadid, ont trouvé des bijoux de bronze semblables à ceux que portent encore les femmes

---

[1]. Perrot et Chipiez, t. VI, fig. 515. 518. 512. 541. 511.

kabyles. L'analyse d'un de ces bronzes, faite par M. Mullet, pharmacien à l'hôpital de Bône, a donné 11 pour 100 d'étain[1]. C'est la composition de la plupart des bronzes d'Europe.

Costume. — M. Chabas a fait une étude minutieuse, d'après les dessins égyptiens, des costumes portés par les divers « peuples de la mer[2] ». L'un de ceux-ci, les Tourshas, assimilés aux Tursanes ou Étrusques, portent une sorte de bonnet pointu. Or, dans l'antiquité, nous retrouvons cette coiffure conique sur le personnage du bas-relief libyen de Tchinli-Kioch[3]. On la constate sur de nombreuses figurines de terre cuite provenant de Carthage, dont MM. Babelon et Reinach ont donné le dessin[4]. L'usage paraît s'en être conservé longtemps chez certaines populations. Les Gerbiens portent souvent une sorte de bonnet blanc de forme plus allongée que la chéchia rouge classique. Le président de Thou leur attribue « des bonnets de laine de couleur bleu turquin ». Une coiffure analogue est adoptée par les femmes berbères modernes. Son extrémité se recourbant lui donne la forme de bonnet phrygien. Tel est, entre autres, le cas des femmes de Rhadamès (Largeau)[5].

Les guerriers Teucriens et les Dauniens, d'après les bas-reliefs de Médinet-Habou, portaient un bonnet de plumes. Cette singulière coiffure persiste encore, comme costume de guerre ou de fantasia, dans plusieurs parties de la Tunisie occidentale et de l'Algérie.

---

1. *Bulletin de l'Académie d'Hippone*, 1868, p. 51.
2. Chabas, *Études sur l'antiquité historique*, p. 191 et séq.
3. Tissot, *la Province romaine d'Afrique*, t. I, p. 495, fig. 54.
4. Reinach et Babelon, *Recherches archéologiques en Tunisie*. Bulletin archéologique, 1886, p. 4-78, planches II et III.
5. Largeau, *le Sahara algérien*. Tour du monde, 1881.

Ces Européens qui attaquent l'Égypte sont vêtus d'une sorte de jupon, rappelant celui des Écossais ou la fustanelle grecque. Rien n'est plus fréquent que cette pièce de costume, chez les indigènes qui n'ont pas adopté la culotte. Elle est portée sous le vêtement et formée d'étoffes rayées.

Outre les dessins égyptiens, les représentations figurées sur certains objets métalliques tels que les situles de la Certosa, de Watsch ou le miroir de Castelvetro [1], nous donnent de précieuses indications sur les origines des costumes tunisiens. Ces dessins représentent des scènes de l'époque. Des guerriers y sont figurés avec des casques ou bonnets coniques et jupon court. Sur les situles de Watsch et surtout de la Certosa, des personnages ont des blouses à manche courte, identiques à la jebba du Sahel tunisien. Un individu, vêtu de ce costume, est coiffé d'une chéchia; il porte sur son épaule la charrue arabe actuelle (situle de la Certosa). Rien ne le distingue d'un Tunisien contemporain de Gerba ou du Sahel. Entre ces deux époques si éloignées, on peut citer le costume identique d'un personnage figuré sur un ex-voto de Tanit [2]. Quant aux femmes de ces situles, elles ont la tête couverte d'un voile. Leur vêtement, serré à la ceinture, est semblable à celui des Bédouines de la campagne. C'est une variété du peplos antique. J'ai insisté longuement sur cette identité dans un précédent travail [3], ignorant que Shaw avait jadis traité le même sujet [4].

On pourrait appeler l'attention sur l'ornementation

---

1. Bertrand et Reinach, *les Celtes*, 1891, fig. 55, 68, p. 109; 73, p. 114.
2. Philippe Berger, *les Ex-voto du temple de Tanit à Carthage*, 1877, p. 25.
3. Bertholon, *Exploration anthropologique de la Kroumirie*. Bulletin de géographie historique et descriptive, 1891, n° 4.
4. Shaw, *Voyage dans les régences*, etc., t. I, p. 171.

géométrique des étoffes, comparable à celle des vases, des bijoux, des armes chez les hommes de l'âge du bronze et les Tunisiens contemporains. Les tapis de Kérouan et les couvertures de Gafsa permettraient d'établir de curieux rapprochements; mais ces considérations nous entraîneraient trop loin.

Religion. — La grande divinité libyenne Tanit est inconnue dans le panthéon phénicien, de Syrie. Les Phéniciens de Carthage l'avaient adaptée au leur par politique. Les Romains ont hésité à l'assimiler soit à leur Junon, soit à leur Diane, soit à Cérès à cause de son caractère agricole, nettement accusé selon les remarques de MM. Le Blant, Berger et Cagnat[1]. M. Doublet a également comparé l'association en Afrique, du Culte de Déméter à celui de Perséphone, qu'il identifie aux pratiques d'Éleusis en Attique et des pays où se sont propagées les doctrines éleusiennes[2]. En résumé, la conception religieuse de Tanit paraît être comparable à celle de Déméter, de Perséphone, d'Artémis et aussi d'Athena, divinités des bords de la mer Égée. Peut-être en est-elle le prototype. Cela a permis à Hérodote de parler de la vénération des Libyens pour Athena[3].

Quant à la figuration de Tanit par un mannequin d'où se détachent des bras levés en l'air, c'est un dessin géométrique, essentiellement berbère ou égéen, absolument inconnu en Phénicie. On ne le trouve que là où les Carthaginois, et non les Phéniciens, ont colonisé. L'Orient sémi-

---

1. Berger et Cagnat, *le Sanctuaire de Saturne à Aïn-Tounga*, Bulletin archéologique, 1887.
2. Doublet, *Bulletin archéologique*, 1891, p. 130.
3. Hérodote, *Melpomène*, liv. IV, XXXVIII. Dietsch-Tübner.

tique, je tiens à le répéter, ne connait pas cette figuration. Celle-ci est par contre très fréquente en Europe, en pleine civilisation du bronze. Un récent mémoire du Dr Hœrnes donne de nombreuses figures rappelant le Tanit classique, provenant de divers musées de l'Europe centrale. Citons les bronzes de Tribano, d'Este, de Monceau-Lambert, de Schweiz, d'Hallstadt, d'Hochbüch près de Merane, de Prozor, de San Briccio, de Watch[1]. Une pendeloque provenant de la Carniole, figurée par M. Chantre, reproduit ce type libyen[2]. Récemment, M. S. Reinach, avec son érudition habituelle, a réuni dans une même description, une série très importante de bronzes, de dessins sur métal, sur pierre ou sur argile, de poignées d'épées dites à antennes pouvant être confondues avec la figuration de Tanit[3]. Enfin, une idole de schiste, provenant d'une tombe néolithique d'Espagne découverte par MM. Siret, appartient à ce groupe[4].

Les archéologues ont, pour la plupart, songé à une influence phénicienne, commerciale ou religieuse pour expliquer ces analogies. M. Reinach admet que les poignards anthropoïdes sont un produit celtique (page 32). Il y aurait eu un centre pour ces figurations dans le bassin du Danube et un autre dans celui de la Méditerranée. En d'autres termes, on ne peut pas donner une explication *monogéniste* de ces figurations assez semblables. Nous ne partageons pas cet avis. Il ne nous paraît pas qu'il y ait eu deux centres de diffusion différents. La chaine continue de mêmes procédés

---

1. Moriz Hœrnes, *Zur prähistorischen Formenlehre*. — *Mitth. der prähistorischen Commission*, I vol. n° 3, Vienne, 1893, p. 100-105, fig. de 19 à 39.

2. Chantre, *Origine et ancienneté du premier âge du fer au Caucase*. Bulletin Société anth. de Lyon, 1891. fig. 19.

3. Reinach, *la Sculpture en Europe avant les influences gréco-romaines*. L'Anthropologie, 1894, p. 297-305 ; 1895, p. 18-40, 276-293.

4. H. et L. Siret, *les premiers habitants*, etc., loc. cit., p. 180, fig. 30, n° 37.

qui s'étend de la vallée du Danube à l'Afrique berbère, à travers l'Autriche moderne, l'Italie, la Sardaigne, la Sicile, nous paraît marquer les étapes d'une même civilisation venue de l'Europe en Afrique, très vraisemblablement à l'époque de l'invasion des peuples de la mer. Cette hypothèse est d'autant plus acceptable que nombre de statues égéennes présentent elles-mêmes de grandes analogies avec la figuration de Tanit [1]. Il est bon de mentionner ici que des légendes grecques rappelées par Mannert [2], puis par Tissot, donnent la presque certitude d'un fonds mythologique commun aux deux contrées.

Les considérations que nous venons de développer sur la principale divinité libyenne, pourraient être appliquées au culte de Saturne et de Poseidon, représenté par un cheval. Le cheval si fréquent en Europe est particulier en Afrique à la seule région qui s'étend des Syrtes à Carthage. C'est un symbole inconnu dans la mythologie des Phéniciens, en particulier, et des Sémites en général. Le croissant lui-même n'est pas un emblème essentiellement oriental, tant s'en faut. C'est un symbole religieux de l'âge du bronze dans l'Europe centrale et la Suisse [4], ainsi que la tête et les cornes de taureau [5], que les indigènes mettent dans leurs champs. Il n'est pas jusqu'à ces pierres coniques, qui surmontent les petites mosquées de Gerba, qui ne rappellent la litholâtrie des premiers temps de l'Europe, bien que

---

1. Perrot et Chipiez, *Histoire de l'Art*, t. VI. Comp. les figures 326, 328, 329, 330, 335, 337, 342, 343, 344, 345.

2. Mannert, *Géographie ancienne des États barbaresques*, trad. de Marcus et Duesberg, 1842.

3. Tissot, *la Province romaine d'Afrique*, t. I, 339 et passim.

4. De Bonstetten, *Un symbole religieux de l'âge du bronze*. Revue archéologique, 1883, p. 20.

5. Ludw, Leiner, *Bildwercien und Symbole in den Pfahlbauten des Bodenseegebietes*. Arch. f. Anthrop, t. XXIII, analysé dans l'Anthropologie, 1891. p. 198.

semblables pratiques se rencontrent aussi en pays sémitiques.

Agriculture. — Cette émigration européenne de l'époque du bronze a apporté aux peuplades antérieures de la Berbérie, outre les germes de civilisation que nous venons d'énumérer, les pratiques agricoles. Nous avons noté sur la situle de la Certosa le dessin d'un homme portant une charrue identique à celles de nos indigènes. Nous renverrons, faute de place, pour les autres instruments (pressoirs, traîneaux à décortiquer munis de dents de silex, etc.), aux comparaisons si complètes faites par Tissot avec leurs similaires de la vieille Europe.

Langue. — Il nous semble beaucoup plus démonstratif d'insister sur les origines de ces industries agricoles attribuées, on ne sait pourquoi, aux Phéniciens, le moins agriculteur des peuples. Déjà les formes européennes de ces instruments témoignent de leur provenance originelle. Leurs noms à peine altérés sont la preuve irrécusable que les Phéniciens ont été étrangers à cette importation. Voici quelques exemples de ces mots berbères : le champ se nomme iguer, agran, comp. ager, ἄγρον, ijdi, comp. γήδιον ; — le jardin, ourt-i, comp. hort-us ; — la maison akh-am, ta-seka, comp. οἰκί-α, cas-a ; — la porte, ta-bourt, comp. port-a ; — le joug, zouïdj-a, a-zagl-ou, comp. Ζύγ-ος, jugul-um.

Beaucoup de noms berbères des produits de la ferme ont les mêmes racines européennes. Les grains, zerca, comp. céréales ; — la farine, semid, comp. σιμίδ-αλις, sanscrit, samid-a ; — la lentille, ta-lent, comp. lent-es ; — la fève, a-baoun, comp. πίαν-ος, all. Bohne ; — le chou, ca-

rumb, comp. κράμϐ-η, Karambh-a (européen primitif) ; —
le miel, ta-ment, comp. μέλι, μέλιτ-ος ; — la cire, ta-kir,
comp. κήρ-ος ; — le lait aigre, tir-i, comp. τύρ-ος.

Les animaux de la ferme paraissent également d'importation européenne, le chien a-kioun, comp. κύον ; — la chèvre,
le chevreau, t-aigs-i, t-ag'-et, comp. αἴξ, αἴγ-ος ; — le bouc,
ghed-i, comp. hœd-us ; — le bélier, i-keri, comp. κέρα-ς,
corne ; — la brebis, ti-ahli, comp. a(g) ili-s ? — le cheval,
echou (zenaga), comp. equ-us ; — l'âne, azig (zenaga),
comp. asin-us ; — le bœuf, e-sou, comp. bo-s, bov-is,
gau-s (européen primitif) ; — le taureau, achguer, comp.
uksan (sanscrit), Ochse (germanique).

Ces immigrants apportaient aussi des idées inconnues
aux Africains primitifs sur la constitution de la famille et de
la société. La mère, i-ma, comp. ἡ μᾶ ; le fils, mas, comp.
européen, mac ; la fille, illi, comp. filia (chute de f initial,
comme dans imis (berbère), bouche de φημί, humus latin de
bhûmi européen, etc.) ; le frère, agna, pluriel a-gnaten (toua-
reg), européen primitif gnâto, natus, cognatus ; — homme,
ergaz, celtique ergaz ; femme, tamet, comp. européen dama,
maison, δᾶμος d'où ἱππο-δᾶμος, cheval domestique, osque
fama, maison d'où fam-ulu-s, famil-ia, moderne dame,
femme ; — famille gens, comp. gens, γένος, — peuple, kel,
racine, col-ere, nom donné aux tribus agricoles, etc.

La grammaire des Berbères a reçu une profonde impres-
sion de cette action des Européens. Les articles o, a pour
le singulier masculin (ὁ), Ta pour le féminin (comp. τῃ),
I pour le pluriel (comp. οἱ) sont restés. J'ignore pourquoi
les sémitisants qui ont étudié le berbère les soudent aux
mots. Beaucoup de verbes, beaucoup d'adjectifs ont subsisté.
Cette influence est telle que nous avons pu nous amuser
à construire une inscription que l'on peut lire indifférem-

ment en grec ou en berbère, il suffit de changer les désinences finales[1].

M. Olivier est sur cette question l'auteur qui s'est le plus approché de la vérité, dans un mémoire peu connu malheureusement[2]. On doit aussi certains rapprochements à Movers[3], à Masqueray[4], à Benlœw[5], mais ces derniers n'en ont pas saisi toute la portée.

Cette découverte d'une colonisation européenne de l'Afrique du nord avant les Phéniciens, que nous venons d'exposer en un court résumé, explique bien des analogies retrouvées entre les populations berbères et celles de l'Europe. Tout, jusqu'ici, la confirme : restes archéologiques, traditions ethnologiques, linguistique, histoire de l'Égypte. Il ne reste plus qu'une science à interroger comme criterium : l'anthropologie.

Races. — L'histoire égyptienne nous indique que c'est dans les Syrtes que le flot des envahisseurs européens s'est porté avec le plus d'intensité. Or, dans ces Syrtes existe une île, Gerba, dont la population a été soustraite au mélange avec les envahisseurs asiatiques par un schisme religieux. Nous avons eu l'occasion, en 1889, de pouvoir en mesurer les indigènes hameau par hameau. M. Collignon avait déjà mesuré un certain nombre de Gerbiens[6]. Le D‍r Hamy, dans son voyage chez les Matmatas, avait également constaté l'existence d'un type européen dans le Sud tunisien[7]. Nos

---

1. Bertholon, *Le Secret du Lotophage*, fantaisie archéologique. Revue tunisienne, 1895, n° 2.
2. Olivier, *Recherches sur l'origine des Berbères*. Bulletin de l'Académie d'Hippone, n° 5, 1868, p. 1-85.
3. Movers, *Die Phönizer*.
4. Masqueray, *Formation des cités chez les populations sédentaires d'Algérie*, 1886, p. 60.
5. Benlœw, *la Grèce avant les Grecs*, p. 113.
6. Collignon, *op. laud.*
7. Hamy, *le Pays des Troglodytes*. Notice lue dans la séance publique des cinq académies.

recherches peuvent se résumer de la sorte : La population
de Gerba est de petite taille (1,62 à 1,65), Les tailles au-
dessous de 1^m,54 s'y rencontrent dans la proportion de
22 p. 100. La tête est globuleuse (indice céphalique 81 à
86). Front bombé, découvert, occiput aplati. Le nez,
détaché du front, est concave, court, moyennement large,
Cheveux foncés. Système pileux plus développé que chez
les autres Tunisiens. Face courte et large. Ossature massive.
Thorax large, taille carrée, peau moyennement bistre. Ce
signalement résultant de nos mensurations peut s'adapter à
nos Alpins, à nos Auvergnats, à nos Bretons, aux petits
bruns de la vallée du Danube. Ils en ont tous les caractères.

Bien supérieurs aux populations avoisinantes, ces hommes
paraissent être les descendants des immigrés qui, dès les
xve ou xvie siècles avant notre ère, ont exercé une influence
civilisatrice sur les hordes des Africains primitifs. On peut
les assimiler aux Lebou ou Libyens proprement dits. Tout
un continent a pris son nom de cette tribu puissante,
connue des Grecs de Cyrénaïque.

Un autre élément postérieur, comme établissement, en
Tunisie, souvent associé à ces industrieux immigrants est
l'élément blond. Les textes égyptiens mentionnent ceux-ci
sous le nom de Tamahou. Ces blonds, venus de la vallée
du Danube, comme leurs frères Celtes et Gaulois paraissent avoir débordé sur l'Asie-Mineure et sur la Grèce. En
Orient et en Afrique, ils ont porté les noms historiques de
Masa, Mashouash, Maxyes, Mazices. Leur nom, perpétué
jusqu'à nous, est resté l'appellation nationale des Touâreg.
Enfin une de leurs tribus, celle des Afri, paraît avoir eu
l'honneur de donner son nom au noir continent.

A l'époque actuelle, l'élément blond se trouve à l'état
sporadique sur la côte orientale de Tunisie. Cette rareté

tient à l'absorption de la coloration spéciale de ses yeux et de ses cheveux par les races foncées avec lesquelles il s'est croisé. De grands bruns dolichocéphales aux nez étroits, habitant le Sahel, ont les caractères des blonds, moins la couleur ; ce sont probablement leurs descendants brunis. Sur la frontière occidentale de Tunisie l'élément blond est plus compact, et partant mieux conservé.

Nous résumons ici la partie anthropologique de notre travail sur le peuplement de la Tunisie jusqu'à la période historique ; avec les assimilations historiques probables.

1° Type néanderthaloïde (Khroumirie, Djerid, oasis du Centre), Gétules bruns ;

2° Type de Beaumes-Chaudes, de l'Homme-Mort, etc. (Dolichocéphale, à face large, petit, Medjerda), Numides, Berbères proprement dits ;

3° Type brachycéphale (Gerba, côte tunisienne orientale), Libyens proprement dits ;

4° Types blonds (Passim, Sahel, Khroumirie, Tunisie orientale), Mazices, Maxyes, Afri, Gétules blonds (Aourès).

Par croisement ces types ont donné naissance à diverses sous-races, voici les principales :

5° Type Cro-Magnon de haute taille (Khroumirie).

6° Type comparable à celui de Mugem (cap Bon) ;

7° Type dolichocéphale, leptorrhinien brun (Collignon). Blonds devenus bruns.

Nous signalerons avec les races historiques, les types d'origine sémitique.

RACES DE LA PÉRIODE HISTORIQUE

LES PHÉNICIENS

J'ai eu l'occasion d'étudier cinq crânes présumés phéniciens trouvés en Tunisie [1]. Mes recherches m'avaient amené à rapprocher ceux-ci des caractères attribués par Mantegazza et Zannetti à des crânes phéniciens de Sardaigne [2], par Cesnola à des crânes de Chypre. Il manquait la consécration de documents anthropologiques provenant de Phénicie. D'autant plus qu'une série de crânes phéniciens provenant d'Utique (Hérisson) [3] et qu'une autre série de basse époque, recueillie à Mahedia par M. Hannezô, décrite par M. Collignon [4], donnaient des résultats différents des miens. La question a été tranchée récemment par M. Chantre, qui a eu l'occasion d'examiner à Constantinople six crânes provenant de la nécropole de Sidon, parmi lesquels celui du roi Tabnith. Je reproduis les conclusions de la communication de ce maître à la Société d'anthropologie de Lyon. Elle résume les principaux caractères de la race phénicienne, soit dans sa patrie d'origine, soit dans sa principale colonie : « Chez les crânes de cette collection, j'ai encore retrouvé la plupart des caractères propres aux Phéniciens et aux habitants de Carthage, si bien décrits par le Dr Bertholon dans son important mémoire à propos des crânes

---

1. Bertholon, *Documents anthropologiques sur les Phéniciens*. Bullet. de la Société d'anthropologie de Lyon, 1892.
2. Mantegazza e Zannetti, *Note antropologiche sulla Sardegna*. Archives de l'anthrop., VI, p. 17, 1876.
3. De Quatrefages et Hamy, *Crania ethnica*, p. 504.
4. Collignon, *Crânes de la nécropole phénicienne de Mahedia*. L'Anthropologie, 1891, p. 171.

phéniciens trouvés en Tunisie... Si l'on poursuit la comparaison de nos crânes avec ceux de Carthage, on verra que, comme ces derniers, ils présentent, vus par la *norma verticalis,* un front étroit et arrondi, avec élargissement marqué au niveau des bosses pariétales. A Sidon comme à Carthage, la glabelle est rarement accentuée et le front est bas ; la voûte crânienne, chez les uns comme chez les autres, n'atteint pas son point culminant vers le bregma, elle continue à s'élever jusqu'au niveau des bosses pariétales. Enfin, comme ceux de Carthage, la plupart des sujets de Sidon ont une forme rhomboïdale. Et entre autres caractères essentiels communs à ceux de Sidon et à tous les autres crânes phéniciens connus, citons un nez étroit, plutôt droit qu'abaissé, des orbites généralement rondes et une face moyennement large [1]. » Nous avons retrouvé ce type, assez rare d'ailleurs, chez quelques indigènes.

Enfin, pour être complet, nous devons signaler un assez grand nombre de facies rappelant ceux de Syrie, que nous ont conservés les monuments égyptiens, et dont M. Flinders Petrie a réuni une intéressante collection [2]. Ont-ils été introduits par les Phéniciens, les Arabes ou les Turcs ? Cette dernière influence me semble très acceptable.

Nous ne dirons rien de la colonisation romaine. Elle n'introduisit pas en Afrique de types humains nouveaux. L'invasion vandale vint renforcer l'élément blond.

---

1. Chantre, *Observations anthropologiques sur les crânes de la nécropole de Sidon.* Bullet. de la Société d'anth. de Lyon, séance du 3 février 1894, p. 22.

2. Tomkins, *Remarks on Mr Flinders Petrie's collection of ethnographic types from Monuments of Egypt.* Journal of anthrop. institute. London. 1889, p. 206-240.

ARABES

Leur loi religieuse, qui encourage la polygamie et l'union avec des femmes d'autres races, a fait disparaitre par absorption la plupart des types arabes, noyés dans un important élément berbère. A peine le type arabe classique se rencontre-t-il dans quelques familles originaires du Hedjaz. Parmi les tribus que j'ai parcourues, ce sont les Beni-Zid qui m'ont paru avoir conservé le plus purement le facies de leurs ancêtres, avec le nez en bec d'aigle caractéristique.

TURCS

Les Turcs ont introduit avec leurs contingents de nombreux éléments européens islamisés provenant de l'Albanie, du Caucase ou de l'Asie-Mineure. Beaucoup de blonds aux yeux bleus sont d'origine turque. Dans une note sur la population de Nebeul, j'ai donné récemment le relevé de mes recherches sur des conscrits Kouloughis de la région. Ils ne diffèrent à peu près pas des autres habitants[1].

MAURES

Les descendants des Maures chassés d'Espagne ont fondé de nombreux villages dans la vallée de la Medjerda et dans le cap Bon. Comme pour les Turcs, mes recherches ne m'ont pas permis de constater des caractères susceptibles de les différencier de la population ambiante.

-----

1. *Revue tunisienne*, 1895, p. 77.

Nancy, imprimérie Berger-Levrault et Cie.